ISBN 978-0-428-45805-8
PIBN 11303936

1 MONTH OF
FREE
READING

at
www.ForgottenBooks.com

By purchasing this book you are
eligible for one month membership to
ForgottenBooks.com, giving you
unlimited access to our entire
collection of over 700,000 titles via
our web site and mobile apps.

To claim your free month visit:
www.forgottenbooks.com/free1303936

English
Français
Deutsche
Italiano
Español
Português

www.forgottenbooks.com

Mythology Photography **Fiction**
Fishing Christianity **Art** Cooking
Essays Buddhism Freemasonry
Medicine **Biology** Music **Ancient
Egypt** Evolution Carpentry Physics
Dance Geology **Mathematics** Fitness
Shakespeare **Folklore** Yoga Marketing
Confidence Immortality Biographies
Poetry **Psychology** Witchcraft
Electronics Chemistry History **Law**
Accounting **Philosophy** Anthropology
Alchemy Drama Quantum Mechanics
Atheism Sexual Health **Ancient History**
Entrepreneurship Languages Sport
Paleontology Needlework Islam
Metaphysics Investment Archaeology
Parenting Statistics Criminology
Motivational

ACTO UNICO

CUADRO PRIMERO

Calle corta

ESCENA PRIMERA

Salen por la derecha, JUANA de maja rumbosa, y el SEÑOR JOSÉ
de majo, con el ALGUACIL

ALG.   (Sofocado.)
            ¡Eso es no tener vergüenza!
JUANA   ¿Acaso sirve de algo
            esa diosa?
ALG.   ¡Irá á la cárcel
            por injuria y desacato!
JUANA   ¿A la cárcel?... Seor ministro,
            ú corchete, que es análogo,
            ú esbirro, que da ló mesmo,
            ú arguacil, que para el caso
            aunque personas distintas,
            es un sólo escarabajo,
            ¿me habla como ser que piensa,
            ú me habla como empleado
            del Monicipio? Porque
            no sabiendo con quién trato,
            á preguntas que me hagan
            soy una estatua de mármol.

ALG.   (A José.)
          ¡Mande usted á la señora
          que guarde silencio!

JUANA   Alto;
          porque yo no soy señora,
          (en buen hora lo digamos),
          soy maja, y me considero
          muy honrada con mi rango.
          Por el pronto, este señor
          ni es mi padre, ni mi hermano,
          ñi mi marido siquiera.

ALG.   (Con burla)
          ¿Maridos tú?... ¡Ni pintados!

JUANA   Pues, mire usted, cinco tuve,
          y tres murieron ahorcados...

ALG.   (A José.)
          Que la mandè usted callar,
          que se burla, y no reparo
          en que es sexo débil.

JUANA .   Débil
          usted, que al perfil mirado,
          abulta menos que una
          peseta vista de canto.

JOSÉ   (Con gravedad.)
          Yo soy un hombre de bien,
          y hombre... de carrera, ¿estamos?

ALG.   ¿Qué es usted?

JOSÉ   El cachetero
          de la cuadrilla de Cándido,
          y doy lo mismo el cachete
          á una res, que á un escribano;
          por cuya causa y motivo,
          en mi presencia no aguanto
          que se ofenda á una señora...
          (A Juana.)
          Y usted dispense el dictado
          que la doy, mas los objetos
          de algún modo hay que llamarlos.
          ¿Qué es lo ocurrido? Pues nada,
          si se va á mirar despacio;
          que ella estaba en la cazuela
          y que yo estaba en el patio
          de las lunetas; me vió,
          yo la ví...

ALG.   Y armó el escándalo,
porque cuando estabá el público
más que atento, embelesado
oyendo á la Ladvenant,
que es un ángel declamando,
esta (Por la maja.) gritó: señor Pepe,
donde sabe usted le aguardo,
porque le tengo que hablar
de un asunto reservado.
—¡Que lo diga, que lo diga!—
dijo el público mirando
al gallinero; subi
para sacarla arrastrando,
y me dió tres bofetadas
tan sonoras, que pensaron
los oyentes, que la casa
se había venido abajo.
De manera, que ofendiste
á tres en un sólo acto;
á mí, como autoridad,
á mí, como ciudadano,
y á mí, como alcalde, pues
le estaba representando.

JOSÉ   (A la maja.)
¿Hubo intención de faltarle?

JUANA De ningún modo; al contrario;
yo quería regalarle,
y no teniendo regalo
más próximo, le obsequié
con lo que tenía á mano.

ESCENA II

DICHOS y ALFÉREZ por la derecha

ALF.   Rufino, el corregidor
está por tí preguntando
y aturdiendo el coliseo
con gritos descompasados.
¡Tu honor por los suelos anda!

ALG.   (Echando á correr.)
¿Sí?... Pues voy á levantarlo
y á sacarle brillo, que

el honor y los zapatos,
todo el que tenga decoro
con brillo debe llevarlos
por de fuera, aunque por dentro
estén agujereados.
Y, pues por orden real,
tiene todo buen soldado
facultad para prender.
á cierta clase de pájaros,
llévelos usté á la cárcel.

ALF   Descuida, que irán atados.
ALG.   Y yo iré luego á decir
              el por qué los ha llevado.
              (Vase derecha.)

ESCENA III

DICHOS menos ALGUACIL

JOSÉ   (Dando la mano al Alférez.)
              ¡Seor Alférez!
ALF.   Seor José;
              soy su amigo.
JUANA   Y yo su amiga;
              que el ejército español
              no tuvo nunca en sus filas,
              oficial más caballero,
              ni que honre más la milicia.
ALF   Ni en todo el globo terráqueo,
              (incluyendo las Vistillas)
              nació una maja más maja
              que la que tengo á la vista.
JOSÉ   (Muy calmoso.)
              Bueno, y en ese reparto
              de flores y de alegrías,
              ¿no hay para mí alguna cosa?
JUANA   ¿Qué más flores que esta lila
              que cuanto más pisoteas
              más te quiere y se encanija?
ALF.   (A José.)
              ¿Cuándo es la boda?
JOSÉ   (Con resolución.)   ¡Mañana!...

(Transición.)
Mañana será otro día.
(Con calma.)
Mire usted, don Pablo, á mí
ya me ve usté en las corridas.
Capeo medianamente
y pongo mis banderillas
unas veces más abajo,
y otras veces más arriba;
pero todo es toro, ¿estamos?
y en él las dejo prendidas.
Las reses bravas, á mí
ni me asustan ni intimidan,
porque si el toro es un bruto,
yo, dejando hipocresías
á una parte, lo soy más,
y aquí está quien lo atestigua. (Por Juana.)

JUANA   No te hacen falta testigos,
sobra con que tú lo digas.

JOSÉ   Un toro tié la ventaja
de que dándole su lidia
va usted bien; mas la mujer
nunca tuvo lidia fija.
Cree usted que mira al trapo
y mira á las pantorrillas,
y después se tira al pecho,
le engancha á usté y le derriba,
y cuando le tiene en tierra
le zarandea y le pisa,
dirigiendo las cornadas,
sin marrar la punterría,
hacia el sitio de la ropa
donde están sus simpatías,
quiero decir al bolsillo,
y allí no deja una miga.
Por eso cuando me hablan
de boda, digo en seguida:
mañana me casaré,
mañana será otro día.

ESCENA IV

DICHOS y GORITO con un cartucho de dulces, una coróna pequeña de laurel y un ramo de flores en la mano

GOR.   ¡Señores: muy buenas tardes!
JUANA   ¡Gorito, seas bien hallado!
GOR.   ¿Saben si la Ladvenant
ha salido del teatro?
JOSÉ   La comedia ha concluído
y no tardará.
GOR.   La traigo
esta corona, estos dulces,
mi corazón y este ramo.
JUANA   ¿Tanto la quieres?
GOR.   ¿Quererla?
Eso es poco, la idolatro:
es la cómica más linda
que Dios puso en un tablado.
Es un ángel cuando canta,
un ángel representando,
un ángel cuando se ríe,
y un ángel si vierte llanto.
JUANA   (Con sorna.)
¡Pues angelitos.. al cielo!
GOR.   Esto digo, respetando
de otras mujeres los méritos...
(A Juana.)
¡Si es que te ofendo, me callo!
Mas no negaréis que todos
los que frecuentan su trato,
aseguran que María
Ladvenant, raya más alto
que el sol cuando está en el cénit.
JOSÉ   Baja un poco.
GOR.   Pues no bajo,
¡que es un pasmo como actriz
y como hembra otro pasmo!
JOSÉ   ⎱ (Estornudando.)
JUANA   ⎰ ¡Achist!
GOR.   ¡Jesús! ¿Qué os sucede?

JUÁNA   Que ya nos hemos pasmado
con oirte... Y considéra
que si nos sigues pasmando,
no va á haber en toa la corte
flor de malvá pa curarnos. ¡
(Juana dirigiéndose al primer término derecha.)
Señores, ya viene aquí.
Esta es su silla de manos.

GOR.   ¡Me casaría con ella
si no estuviese casado!
He de ver si la conquisto;
hoy empezará el asalto.

JOSÉ   ¿Ella te conoce?

GOR.   Soy
el mueblista del teatro
desde ayer, y claro, es pronto
para que se haya fijado
en mí; pero he discurrido
un medio que, á no dudarlo,
ha de darme, antes de mucho,
un soberbio resultado.
(Mirando al primer término derecha.)
Hagamos calle, que vienen
el sol y todos los astros
con que Dios desde los cielos
ilumina nuestros pasos...
(Cada vez con más entusiasmo.)
Bien se ve que es valenciana,
pues según llega, aspiramos
el aroma de la rosa
y el perfume del naranjo.
(Aparece una silla de manos con las cortinillas corridas y llevada por dos hombres del pueblo. Los interlocutores la dejan paso, acercándose con muestras de alegría Gorito y haciendo lo que indica el diálogo.)

GOR.   ¡Que viva la Ladvenant!

JUANA
JOSÉ   } ¡Viva cuatrocientos años!
ALF

GOR.   (Echando los objetos por la ventanilla.)
¡Toma estos dulces, que son
de tu carácter retrato!...
¡El laurel, para tus sienes
y para tu pecho el ramo!

Cor.	(Sacando la cabeza por la ventanilla.)
	¡Señores: les doy las gracias
	por todos los agasajos!
	¡Que viva la Ladvenant
	mientras haya mentecatos!
	(Vase sin apearse de la silla.)
Gor.	¡Maldito! ¡El Corregidor!
Alf.	(Riéndose.)
	¡No ha estado mal este chasco!
José	¡Gorito, ha sido una broma!...
Juana	Que yo mesma te he jugado.
	¡A eso quedan reducidos
	el sol y todos los astros!,
	¡Vamos detrás de la silla!
Gor.	Vamos, sí, que yo no paro
	hasta que me lleven preso
	ó me vuelva los regalos.
	(Vanse riéndose por donde hizo mutis el·Corregidor.)

MUTACIÓN

CUADRO SEGUNDO

Sala amueblada al estilo Luis XIV. Las paredes cubiertas de damasco de seda, colgaduras, canapés, espejos, retratos al óleo, uno de ellos de María con corona de laurel encima. Puerta al foro y cuatro laterales. De estas, tres tienen colgaduras; la del segundo término derecha no tiene más que el bastón de donde se cuelgan. El canapé en primer término derecha.

ESCENA PRIMERA

El DUQUE por el foro, MARÍA vestida lujosamente con mantilla blanca, le sale al encuentro por primera derecha. VICENTA detrás

Duque	(Amorosamente.)
	¡María!
Mar.	¡Jesús, qué presto,
	señor·Duque; la comedia
	acaba ahora mismo y ya
	su merced aquí se encuentra!

DUQUE   Porque te adoro, María,
no concibo la existencia,
sin estar donde tú vives,
sin vivir donde tú alientas.

MAR.   Pues me han dicho en el ensayo
una cosa que, al ser cierta,
la amistad con que le estimo·
en odio trocar pudiera.

DUQUE   ¡Habla por Dios, que la duda
me ofende!

MAR.   No tan depriesa,
porque antes he de quitarme ·-
la mantilla... Escucha y piensa.
(Vicenta le quita la mantilla y hace mutis por la primera derecha.)
La otra tarde, mientras yo
daba orgullosa, en la escena,
á *El Médico de su honra*
interpretación perfecta,
según me lo demostraba
galante la concurrencia,
con tus amigos hacías
una vergonzosa apuesta.
Ellos, teniendo de mí
justa y favorable idea,
me juzgaban invencible,
y tú, dando rienda suelta
á la vanidad, tan propia
de quien vive en alta esfera,
dijiste: mañana mismo
he de traer clara muestra
de que esa mujer es mía,
pues basta que yo lo quiera.
Esto es decir que tu amor,
ó es capricho ó es soberbia.

DUQUE   Aunque esto capricho fuese,
como tu voz asegura,
sano el juicio no tuviese
aquel que una vez te viese
y no amase tu hermosura.
Que Dios al crear tu ser
puso todo su saber,
que al mundo logró asombrar,
y aunque luego quiso hacer

de belleza otro ejemplar,
su intento quedó burlado,
no hallando fácil camino,
pues que se encontró agotado
todo el material divino
por haberlo en tí empleado.

MAR.   Yo bien quisiera escucharte
lenguaje más natural.

DUQUE   Mi amor es siempre leál
y en lo que digo no hay arte,
que el arte... es artificial.

MAR.   Eso no, que en esta parte
padeces error, y quiero
con un ejemplo probarte
que naturaleza y arte
van por un mismo sendero.
Cuando en lienzo ó en cristal,
de manera magistral,
se ve una rosa pintada,
dice la gente admirada:
¡si parece natural!
Pero si por Dios creada
en el jardin ves la rosa,
cuanto más y más te agrada,
porque la encuentras hermosa,
dices: ¡parece pintada!
Esto te ha de convencer
de que arte y naturaleza
hermanos tienen que ser,
pues vinieron á nacer
de una madre: ¡la belleza!

DUQUE   (Con entusiasmo y cogiéndola una mano)
Al altar he de llevarte,
y allí Dios será testigo...

MAR.   (Soltando una carcajada.)
Déjame reir, que todo
cuanto oiste fué fingido:
son versos de una comedia
cuyo estudio me es preciso.
Mas como son tus visitas
frecuentes hasta el fastidio,
y quitan tiempo á mi estudio,
tengo que ensayar contigo
todo pasaje de amores;

de celos y de suspiros.
¿Verdad que me sé él papel?

DUQUE ¡Monstruo, infame, basilisco!
(Con desprecio.)
¡Cómica al fin!

MAR.   No será
tan denigrante el oficio,
cuando quieres, nada menos,
que te admita por marido.

ESCENA II

DICHOS y VICENTA por el foro con un ramo de flores en la mano

VIC. Señora, el Marqués de Túnez
solicita su permiso...
y le ofrece aqueste ramo.

DUQUE (Queriendo arrebatársele.)
¡Venga!

VIC. (Defendiéndole.)
Señor, no me ha dicho
que es para usía el presente.

MAR. (Coge el ramo que le entrega Vicenta.)

DUQUE ¿Tú le admites?

MAR.   Sí, le admito.

DUQUE ¿Luego á ese hombre recibes?

MAR. Luego á ese hombre recibo,
que á la que vive del arte
no le están mal los amigos.

DUQUE ¡Pues adiós! (Medio mutis.)

MAR.   ¡Hasta otro dia!

DUQUE No, hasta el día del juicio.

MAR. ¿Del juicio de quién?... ¿Del tuyo?
Entonces me tranquilizo
que desde aquí á que lo tengas...

DUQUE Daré muerte á ese individuo.

MAR. Antes debes preguntarle
si se deja, que no es fino
quitar á un hombre la vida
sin contar con su permiso.

DUQUE ¡Hasta la tumba! (Mutis por el foro.)

MAR. (Yendo al proscenio.) Más triste
ya no puede ser mi sino...
sufrirle en vida, y después
ir á la tumba conmigo. (Por el Duque.)

ESCENA III

MARÍA hace señas á VICENTA como indicándole que diga al
Marqués que pase

MAR. ¡Esto no es vivir, Dios santo!
¡Ya no puedo más, Señor!
¡Este, que le duele el alma,
esotro que el corazón!...
Y qué más, hasta en la iglesia,
lugar bendito por Dios,
no me falta un petimetre
que distraiga mi atención.
Un padre nuestro completo
jamás mi labio rezó,
pues no me dejan llegar
al final de la oración,
donde está lo que hace falta
que pida con más fervor:
aquello de «no me dejes
caer en la tentación»;
de manera que si caigo,
no tengo la culpa yo;
¡es que no me dejan tiempo
de que se lo pida á Dios!

ESCENA IV

DICHA y GORITO. Este viene vestido con lujo. Aparece en el foro
con el sombrero en la mano, y haciendo una reverencia grotesca se
coloca á una prudente distancia de María

GOR. María, por tu ingenio peregrino,
pronto, fecundo, ameno y soberano,
eres digna al loor de aquel que sienta
por sus venas correr el amor patrio.

La crítica contigo es impotente,
pues no pudo jamás hincarte el diente,
y al ver que nadie como tú declama,
comedianta famosa te proclama.

MAR. Señor Marqués, muchas gracias,
¿son de usarced esos versos?

GOR. Para tí me los dictaron
el corazón y el cerebro;
(Con énfasis.)
y eso que el cuidar mi hacienda
y el entenderme con ciento
y más de administradores
(pues ese número tengo
de fincas) me *obstaculizan*
el escribir, mas te ofrezco
un soneto de los más
grandes que se conocieron.

MAR. Señor, no hay soneto grande
como tampoco pequeño.
¿No sabe ucé que catorce
versos dicen que es soneto?

GOR. Lo dicen, mas son hablillas
á las que no hay que dar crédito.

MAR. ¿Y á qué debo esta visita?

GOR. (Siempre con petulancia.)
Soy apasionado vuestro,
y por veros á diario
nunca falto al coliseo.
Fuí abonado á las lunetas,
después á los *aposentos*;
mas para mi admiración
todo me parece lejos.
Y hoy he dicho: voy á ver
si consigo á cualquier precio,
(Marcándolo.)
á cualquiera, pues sabéis
que más de cien fincas tengo...

MAR. Y cien administradores.

GOR. ¡Justo! Voy á ver si puedo
cambiar de localidad,
repito que á cualquier precio.
(Con mucha ternura y acercándose cada vez más á
María.)
¿Asientos de preferencia

2

no tenéis en vuestro pecho?
Uno dadme y si es posible
con vistas al lado izquierdo.
(Se tambalea y cae de rodillas sobre una banqueta.)

MAR. (Sosteniéndole.)
¡Qué os caéis!

GOR. (Fuera de sí.) Sí, ya he caído
y continuaré en el suelo
hasta que me déis el sí
por el que suspiro y muero.

MAR. (Riéndose y queriendo levantarle.)
Por la Virgen de la O.

GOR. (Resuelto.)
¿De la O?... No te obedezco
aunque me invoques la Virgen
del abecedario entero.
(Con entusiasmo.)
¡Corresponde á mi pasión
y mil dichas te prometo!
(De pronto y olvidándose de que se finge marqués
sigue de rodillas.)
Yo te forraré los muebles,
les pondré pelote nuevo,
barnizaré los armarios
y adornaré tus espejos.
(Levantándose rápidamente.)
Pero por Dios, Mariquita,
¿quieres decir quién te ha hecho
esta banqueta de mármol
que se me clava en los huesos?
He de hacerte una de plumas,
que en Madrid no hay tapicero
que lleve menos que yo.

MAR. (Sorprendida.)
¿Qué decís?

GOR. (Aparte.) ¿Será mostrenco?
Ya me vendí. (Alto.)
Que no hay
en Madrid un tapicero
más barato que el que yo
para mi servicio tengo.

MAR. Ahora que habláis de mis muebles
me está esperando ahí dentro
el mueblista del teatro.

GOR.   (Dando un respingo.)
¿El mueblista?... ¡Eso no es cierto!
MAR.   ¿Por qué?
GOR.   (Azorado) ¡Porque no es posible!
¡Aunque se empeñe el infierno!
¿Cómo se llama?
MAR.   Gorito.
GOR.   (Aturdido)
¿Sí?... Pues que pase al momento
(Aparte.)
(Y si él es Gorito, entonces,
¿quién seré yo? Allá veremos,
iré á casa á preguntárselo
á mi mujer y á mi suegro.)
MAR.   (A Vicenta que aparece en el foro.)
Que entre ese hombre.
VIC.   Aquí está.

ESCENA V

DICHOS y el MARQUÉS, de hombre del pueblo. Se expresa con res-
peto y cortédad

MARQ.   ¿Hay licencia?
GOR.   (Echándole los lentes.)
Hayla, mancebo.
MAR.   (Aparte.)
(Buena figura.) ¿Os llamáis?...
MARQ.   Antolin, que humilde os beso...
MAR.   ¿No sois Gorito?
MARQ.   Yo, no.
GOR.   (Aparte y muy contento.)
Es claro, no podía menos.
MARQ.   Soy su oficial.
GOR.   (Aparte, alarmado.)
¿Mi oficial?
¡Si yo oficiales no tengo!
MARQ.   (A María.)
El cómico Nicolás
de la Calle, galán nuestro...
galán de la compañia
quise decir, ayer mesmo

fué á la tienda estando yo:
allí habló con el maestro
y le encargó que viniese;
mas él no puede y yo vengo
á ver qué muebles queréis.

GOR. (Aparte.)
¡Pero cómo está mintiendo!

MARQ. Gorito casó hace poco...

GOR. Verdad, y tengo por cierto
que su mujer es muy linda.

MARQ. ¡Lindísima, ya lo creo!
(Con maliciosa intención.)
¡Dígamelo usted á mí!

GOR. (Aparte.)
¿Qué querrá decir con eso?

MARQ. Que hecho un tonto, contemplándola,
me paso dias enteros.

GOR. (Muy alarmado.)
¿Y ella qué hace?

MARQ. Sonreirse
cuando está en casa el maestro...
y cuando sale, jugamos
unas veces á escondernos...

GOR. (Siempre azorado.)
¿Y otras?...

MARQ. Pues... á *sopla, vivo
te lo doy*.

GOR. (Sin poderse contener.)
¡Mentis!

MARQ. (Con ira reprimida.) ¿Que miento?

MAR. (Reprendiendo á Gorito.)
¿En mi casa?

GOR. ¡Perdonad!
Decir quise y decir quiero
que el mundo está pervertido.

MARQ. ¡Y el gremio de tapiceros
sobre todo!... ¡Qué cabezas
que tienen algunos de ellos!

MAR. (Al Marqués.)
Necesito doce sillas
de comedor, un espejo
para el gabinete, una
mesa pequeña de juego;
sillones, dos cornucopias

y tres sofás; advirtiendo
que á tres mil reales-no llegue,
siendo de lujo todo ello.

GOR. ¿Tres mil reales? ¡Es poquísimo!

MARQ. (Como respondiendo á la mirada que le ha dirigido
María en son de pregunta)
Con tres mil reales amueblo
el real palacio del Pardo
y aun gano.

GOR. Gran majadero,
¿qué pones por doce sillas,
forrándolas, por lo menos,
de red de Inglaterra?

MARQ. (Vacilando como el que no entiende de estas cosas.)
Pongo...
¡treinta reales!

GOR. ¡Ni con ciento
hay bastante!... ¿Y por la mesa
de nogal?.

MARQ (Confuso.) De... nogal...

GOR. Cierto.

MARQ. Pero... ¿ha de ser de nogal?

GOR. Hombre, ¿no me estás oyendo?

MARQ. Pues... doce reales.

GOR. ¡Atiza!
te cuesta más el tablero.
¿Y por los sofás? Contesta.

MARQ. Siendo tres, pondré lo menos
sesenta reales.

GOR. ¡Qué imbécil!

MARQ. (Conteniendo la ira.)
Apeadme el tratamiento,
y sabed que en esta casa
tendría un placer inmenso
en trabajar no de balde
sino poniendo dinero.
¡Qué más honra que servir
á la hermosura y al mérito!

MAR. (Aparte.)
Lenguaje impropio parece
de tan humilde sujeto.
(Al Marqués.)
Usted le dará un repaso
á todos mis aposentos,

me dirá lo que hace falta
y lo trataremos luego.
Llegó de estudiar la hora. (Indicando mutis.)

GOR. (Haciendo ura cortesía ridícula.)
¡Yo me pongo á los pies vuestros!

MARQ. Y yo cumpliré sus órdenes
honrándome mucho en ello.

MAR. (Aparte y haciendo mutis por primera derecha.)
Confusa me voy, mas yo
descubriré aqueste enredo!
(Gorito, con mucha cortesía, levanta la cortina para
que pase María.)

ESCENA VI

DICHOS menos MARÍA

MARQ. (Cogiendo violentamente de un brazo á Gorito y tra-
yéndole al proscenio.)
¡Ven aqui, majadero, ruin persona;
tú no eres marqués, eres un necio!

GOR. Puedo ser las dos cosas,
que ambas se puede ser á un mismo tiempo.
Pero tampoco tú, juro á mi nombre,
eres un tapicero,
sino un malvado, que, traidor, penetra
en honrado aposento.

MARQ. (Irritado.)
Mañana, cuando el sol por el Oriente
asome su primer rayo de fuego,
en la Pradera del Canal te aguardo,
lleva pistola, que pistola llevo...
y á seis pasos...

GOR. ¿A seis?... Como si quieres
que sea á cuatrocientos;
que yo no me acobardo; pero escucha:
Yo soy un caballero,
tú eres un menestral, y me rebaja
el batirme contigo.

MARQ. ¡Tienes miedo!

GOR. Mi dignidad me veda.

MARQ. ¿Tú no sabes
que yo soy el Marqués, tú el tapicero?

GOR.   Pues la mesma razón existe entonces
y á la cara te vuelvo el argumento.
¿Cómo tu honor habrá de permitirte
cruzar las armas con tan ruin sujeto?
(Cambiando de tono.)
Mas, ¿por dónde ha sabido su excelencia
que es impropio de mí el traje que llevo?

MARQ.   Nunca faltan criados ó vecinos
que, sobornados, digan los secretos.

ESCENA VII

DICHOS y VICENTA con unas colgaduras.

VIC.   De parte de mi señora
que cubra usted esa puerta.
(Por la segunda derecha.)
(El Marqués toma las colgaduras y mira con asombro
á Gorito)

GOR.   (Al Marqués)
Idiota, qué estás mirando.
(A Vicenta, que se retira por la segunda derecha.)
A escape. Trae la escalera.

MARQ.   (Irritado y en voz baja)
Si no fuera por lo que es,
te arrancaba las orejas.
(Sale Vicenta acompañada de un mozo que trae una
escalera y la coloca cerca de la segunda derecha.)

VIC.   Aquí esta.

GOR.   (Al Marqués con malos modos.)
Vamos, vivito.

MARQ.   (Encaramándose en la escalera y aparte á Gorito.)
Me las pagarás.

GOR.   (Empujándole bruscamente.)
¡Arrea!
(Vicenta y el mozo vanse foro.)

MARQ.   (Ya en la escalera y haciéndose un lío con la tela.)
¡l'ero quién entiende esto!
¿Qué hago yo con esta tela?

GOR.   ¡Levantad la colgadura!
No he visto mayor torpeza...
El bastón por las anillas...

	Corredlo todo á la izquierda...
	No, á la derecha es mejor.
MARQ.	(Completamente aturdido.)
	Cuál es mi mano derecha,
	que ya no lo sé.
GOR.	¡Más vale
	que lo corráis á la izquierda!
MARQ.	¡Corrido te veas tú
	como novillo de feria!

(No pudiendo dominar ni la tela ni el bastón, cae
todo á tierra.)

¡Al suelo! ¡Bien hecho; ahora
que lo coloque mi abuela!,

(Baja precipitadamente.)

GOR.   ¡Bien se conoce que sois
un tapicero de pega!
Traed acá. Yo la pondré.
¡Fíjese en ello vuecencia!

(Coge del suelo la colgadura, y subiéndose en la escalera la coloca.)

Lo primero es el bastón.
¿Lo veis?.. ¡No es arco de iglesia!
La colgadura y las borlas
con cierto donaire puestas...

ESCENA VIII

DICHOS y MARÍA por la primera derecha

MAR.   ¿Está ya?

(Viendo á Gorito en la escalera y al Marqués contem-
plándole desde el suelo, suelta una carcajada.)

Pero, ¿qué es esto?
¡El Marqués en la escalera!

(Al Marqués.)

¿Y usted, mano sobre mano,
contemplando á su excelencia?

GOR.   (Aún en la escalera y aturdido.)
¡Si no sabe ni clavar
en un mueble una tachuela!

MARQ.   (Irónico.)
El señor sabe de todo.
Con la misma competencia

con que baila una gavota,
carga con un mueble á cuestas
y le hace á usté una mudanza.

GOR. (Orgulloso y refiriéndose á la manera como ha puesto
la colgadura)
¿Está bien así?

MAR. De perlas. (Sigue riéndose.)

GOR. (Preparándose á bajar)·
Deme usted su blanca mano
para que baje.

MARQ. (Adelantándose rápidamente y presentándole la suya.)
¡No, esta
que es al cabo más robusta!

GOR. (Bajando y haciendo contorsiones por el dolor que le
produce la fuerza con que el Marqués le oprime la
mano.)
Bárbaro, que me las aprieta
(Ya en el suelo.)
Señora, yo me retiro:
muy presto daré la vuelta.
En el sarao de esta noche
espero franca respuesta
á mi consulta, por ser
negocio que me interesa.

MAR. (Acompañándole hasta la puerta.)
No faltéis, por si es preciso
barnizar alguna mesa:
mejor lo sabréis hacer
que quien saberlo debiera.
(Mirando al Marqués irónicamente. Vase Gorito.)

ESCENA IX

MARÍA y MARQUÉS

MAR. (Aparte.)
El primer toro está ya
despachado, á la primera.
De cuidado es el segundo;
mas dos pases de muleta
y un volapié aprovechando,
le han de hacer morder la tierra.
(Se sienta en el canapé y lee en un libro que antes
habrá cogido de cualquier parte.)

MARQ. (Empieza á medir el pavimento por pasos, como echando cuentas de las dimensiones de la alfombra)
Cuatro de ancho, por ocho
de largo... Sí, esa es la cuenta.
(Fijándose en la alfombra.)
Esta alfombra, por lo usada,
está pidiendo otra nueva...
y es lástima, que el dibujo
es muy lindo... Con licencia,
obra tan maravillosa
quiero admirarla de cerca.
(Se echa á los pies de María y queda de rodillas contemplándola.)

MAR. (Levantándose rápidamente.)
¡Me levantaré si estorbo!
(Aparte.)
Primer pase de muleta.
(El Marqués trata de contenerla, cogiéndola amorosamente una mano.)

MARQ. Oh, no, celestial María.
Ya realicé cuanto era
mi más dorada ilusión,
la de admiraros de cerca.
No me rechacéis ingrata
que aunque soy de humilde esfera,
os haré feliz.

MAR. ¿Feliz?
No os toméis esa tarea,
que ya lo soy más que nadie.
¿Habrá dicha más completa
que ver rendido á mis plantas,
de humillación dando pruebas,
al mismo que en el Diario
(allí para que se viera)
me llamó comica fría,
desgarbada, torpe y necia,
por adular servilmente
a Sebastiana Pereira,
cómica que, más humana
que yo, galanes obsequia,
para los cuales un «no»
jamás pronunció su lengua?
(Aparte.)
¡Descabello á pulso, linda
me ha salido la faena!

MARQ.　Yo no soy, os lo aseguro,
　　　quien vuestro recelo piensa.

MAR.　¿Para qué son los oídos
　　　y para qué son las puertas?
　　　Es inútil, todos creen
　　　muy fácil hacer comedias,
　　　y ya véis, ni para cómico
　　　puede servir vuecelencia.
　　　Y ahora descubierto todo,
　　　Marqués, haced la fineza,
　　　de entrar en mi tocador;
　　　yo os sacaré cuando pueda,
　　　porque va á venir mi Duque
　　　y no conviene que os vea.

MARQ.　(Entrando en la primera derecha.)
　　　Esto me huele á esperanza..

MAR.　(Empujándole.)
　　　Ahí estad (hasta que vengan
　　　las mulillas á arrastraros.)
　　　(Echando la llave que estará puesta, y guardándosela.)
　　　Así, corrida completa,
　　　con encierro y todo; ahora
　　　suceda lo que suceda.

ESCENA X

MARÍA y el DUQUE que aparecerá por el foro, apercibiéndose de
que María ha encerrado en su tocador al Marqués. Desde aquí hasta el final, lo más rápido posible.

DUQUE　(Contemplándola tristemente.)
　　　¡Lindo! ¡Mujer desleal!

MAR.　(Con naturalidad.)
　　　¡Duque, á buena hora llegas!

DUQUE　¡El cielo aquí me ha traído
　　　para vengar mis ofensas!

MAR.　¿Nada más que para eso?
　　　Pues no le desobedezcas,
　　　y principia el alboroto
　　　en cuanto á tí te convenga,
　　　que ya me encuentro cansada
　　　de celos y de sospechas,

de amantes desengañados
y de pretendientes pelmas.
¡Quiero ser libre!

Duque (Con intención.)   ¡Lo eres!

Mar. ¡Duque, reprime tu lengua,
que insultos á una mujer
Dios castiga con más penas
que si á él fuesen dirigidos!
¡Ya ves si nos considera!

Duque Ese infeliz tapicero
que, traidoramente, encierras
es casado.

Mar.   Dios le dé
numerosa descendencia.
Y á tí te encargo memorias
de mi parte á su parienta.

Duque Ella y su padre han venido
conmigo á pedirte cuentas,
y á que su adúltero esposo,
compasiva le devuelvas.

Mar. ¿Están aquí?... ¡Pues que entren!
(El Duque se va por el foro.)
¡Se devuelve el casco, ea!
(¡Gran burla se me ha ocurrido,
quiero ver si así escarmientan!)
(Aparece Vicenta por la segunda derecha.)
Escucha, coge la llave
que corresponde á la puerta
de mi tocador, y da
salida á la otra escalera,
y dí al Marqués verdadero..
(Le habla al oído.)
Y al fingido, cuando vuelva
le das á entender.
(La habla al oído otra vez.)
                ¡Supongo
que has de hacer bien la comedia!

Vic. Pues ya lo creo, señora;
¿qué mujer no sabe hacerlas?
(Vase por la segunda derecha.)

ESCENA XI

MARÍA, DUQUE y TERESITA, en traje humilde. Por el foro. Los acompaña el TÍO ROQUE, de paleto acomodado, con el sombrero puesto.

DUQUE — Pasa, Roque.

ROQUE — (Asombrado ante María.)
¿Aquesta es la cómica?

DUQUE — Sí.

ROQUE — ¡Arrea!
No es extraño que mi yerno
se haya perdido por ella,
que si yo me la encontrara,
pueda ser que me perdiera. -

MAR. — (Malhumorada.) .
Quítese usted el sombrero
que está usted en casa ajena.

ROQUE — (Sin quitárselo.)
Gracias, es comodidad.

MAR. — (A Teresita que ha entrado gimoteando,)
Y usted, niña, ¿qué desea? ·

TER. — Llórar.

MAR. — Pues empiéce usted
cuando mejor le parezca.

TER. — (Con llanto entrecortado y algo grotesco.)
Lo que hace usté está mal hecho.
Santo y muy bueno que tenga
los cortejos á millares, ¡
los amantes por docenas...
¡Santo y muy bueno también
que los más casados sean,
pero no recién casados,
porque hay mucha diferencia!...

ROQUE — Un casado de hace tiempo,
no está mal que se divierta,
que siempre la mesma cosa
dicen que enfada y molesta...

TER. — Mientras que un recién casado
es como plancha de cera,

que lo que en ella se graba,
por siempre grabado queda.
(Llorando de pronto y casi escandalizando.)
¡Ay, Gorito, qué te habrán
grabado á tí en la conciencia!

MAR. Niña, no alborote usted,
(Al Duque y á Roque.)
y ustedes háganse cuenta
de que hay escrito un letrero
en el dintel de esa puerta,
(Señalando á la primera derecha.)
que dice en forma bien clara:
«La Ladvenant aquí enseña
á los casados, moral,
y á los solteros, prudencia.»
(Mirando con intención al Duque.)
Y tú, niña encantadora,
cuyas lágrimas me apenan,
verás rendido á tus plantas
á tu marido...

TER. (Suspendiendo el llanto y con infantil alegría.)
¿De veras?
¿Rendido? (Breve pausa.)
¿Pero, rendido
de qué?

MAR. ¡De tanta simpleza!

TER. ¡Deje usted que la dé un beso! (La besa.)

ROQUE Y yo otro.
(Inténtalo y María le rechaza.)

MAR. Ustedes vengan
á ocultarse aquí: saldrán
cuando prudente lo crean.
(Mete al Duque y á Roque por la segunda izquierda.
A Teresa.)
En mi tocador está
Gorito... yo abro la puerta...
(Llevándose á Teresita y preparándose á abrir la
puerta primera derecha.)

TER. ¡Y entro y le doy un abrazo!

MAR. ¡Y hasta, si quieres, le besas!
¡Cuantas más caricias, más
fácil es que se arrepienta!
(Empuja á Teresita, la hace entrar, cierra y echa la
llave. Muy gozosa.)

Ahora, á terminar la farsa
por mi habilidad compuesta.
La comedianta famosa
me llama el vulgo, y lo acierta,
que en público y en privado,
hago muy bien las comedias.
(Vase corriendo por la segunda derecha.)

ESCENA XII

VICENTA y GORITO, por el foro

VIC.	(Fingiéndose muy afligida, casi llarondo) ¡Ay! ¡Señor Marqués, la Virgen le trae!... ¡Cosa como ella!
GOR.	(Alarmado) ¿Se ha puesto mala Maria?
VIC.	¡Eso, señor, nada fuera!
GOR.	¿Se ha muerto?
VIC.	¡Mucho peor!
GOR.	¿Qué es peor?
VIC.	¡Morirse á medias! (Bajando la voz.) Ese joven tapicero no conoce la vergüenza.
GOR.	Lo sé.
VIC.	Tampoco ha venido á arreglar sillas ni mesas: á quién él quiere arreglar es á mi señora.
GOR.	Esa me la tenia tragada, que no soy niño de teta.
VIC.	Y no se llama Antolín, porque es la persona mesma de Gorito.
GOR.	¡No es posible!
VIC.	Y en esta casa se encuentra su mujer,
GOR.	(Alarmado y dando un salto hácia atrás.) ¿Su mujer dices?
VIC.	Sí, señor, su padre y ella, han insultado á mi ama

poniéndola como nueva;
y no pudiendo sufrir
tanta y tanta desvergüenza,
á Gorito y á su esposa
los encerró en esa pieza
(Por la primera derecha.)
diciendo: mientras no hagais
las paces, no abro la puerta.

GOR. (Echándose mano á la cabeza y paseándose vertigino-
samente.)
¿Honor, dónde te me has ido?

VIC. ¡Ahí están hace hora y media!
¡Y paces que tardan tanto,
deben quedar muy bien hechas!

GOR. (Echando á correr muy desesperado, se pone á mirar
por la cerradura de la puerta primera derecha. Vase
Vicenta segunda izquierda.)
¡No veo, no veo!... ¡Está
por dentro la llave puesta!
(Gritando)
¡Teresita, soy tu esposo!
¡Abre, por Dios! Y usted sea,
seor Marqués, más compasivo,
no abuse de la flaqueza.
(Aterrorizado.)
¡Huy! ¡Siento ruido de besos!
¡Toda mi sangre se hiela!
(Forcejeando por abrir la puerta.)
¡Y la puerta que no cede!
¡Qué bien hace de tercera,
que en encubrir liviandades
se complace y se recrea!
(Al volver la cara como para pedir socorro, se encuen-
tra con el Duque y Roque, que aparecen por segunda
izquierda riéndose á carcajadas)

ROQUE Pero, Gorito, ¿eres tú?
¡Tan majo!... ¡Quién lo dijera!

GOR. ¡Hay que lavar nuestra honra!

ROQUE ¡Al Manzanares con ella,
y allí, á fuerza de legía,
la pondremos como nueva!

GOR. (Volviendo á mirar por la cerradura. Fuera de sí.)
¡Que la abraza, que la abraza!
¡Que la aprieta, que la aprieta!

¡Que la estruja, que la estruja,
que la besa, que la besa!...
(Casi llorando y á voces.)
¡Yo me arrepiento, perdón!

ESCENA ULTIMA

DICHOS y MARÍA, vestida de hombre, en traje parecido al del Marqués, abre la puerta primera derecha y aparece con TERESITA de la mano. Estupefacción en todos

MAR. ¡Palabra sagrada es esa;
que á la paladra «perdón»
siempre se la abren las puertas!
TODOS ¡María!
MAR. Yo fui el Marqués.
GOR. Pero, ¿y el Marqués de veras?
VIC. Antes de que Teresita
se escondiese en esa pieza,
como alma que lleva el diablo
le hice bajar la escalera,
diciéndole que aquí estaba
buscándole la Marquesa.
GOR. Teresita, de rodillas...
(Se echa á sus pies.)
TER. (Burlona.)
Alce del suelo vuecencia
que por mí está perdonado...
Mas como otra vez me ofendas,
con Marqués de carne y hueso
me encierro y no abro la puerta.
(Se abrazan amorosamente y con Roque forman grupo aparte como si hicieran comentarios á lo ocurrido.)
DUQUE (Cogiendo con cariño la mano de María.)
Y á mí, ¿no me dices nada?
MAR. Sí, que has ganado la apuesta;
que esta mujer será tuya.
(Por sí misma. Movimiento de alegría en el Duque. Transición en María.)
Tuya... Cuando yo lo quiera,
porque antes de resolverme,
me has de probar tu firmeza.

La comediamta famosa,
aunque alegre y desenvuelta,
no ha de dar nunca su mano
sino á aquel que la merezca.
(Cogiendo las manos de todos.)
Y ahora digamos humildes
y haciendo una reverencia:

Todos   «Aqui da fin el sainete,
perdonad las faltas nuestras. (Telón.)

FIN DEL SAINETE

OBRAS DEL MISMO AUTOR

ORIGINALES

Cuadros al fresco.
El Teatro moderno.
El arte por las nubes.
Enfermedades reinantes.
Juicio de exenciones.
¡A perro chico!
Un domingo en el Rastro.
Fiesta nacional.
¡Hoy sale, hoy!
¡Bateo, bateo!
Pavo y turrón.

El corral de las comedias.
Ultramarinos.
Los portales de la Plaza.
¡Amén! ó el ilustre enfermo.
Las recomendaciones.
Carranza y Compañía.
Los lunes de «El Imparcial».
La noche de «El Trovador».
La niña del estanquero.
Un tío vivo.
La comedianta famosa.

REFUNDIDAS

Gori, gori, ó el Portugués en
Madrid.
La hermosa fea.
Don Lucas del Cigarral.
A estudiar á Salamanca.
La moza de cántaro.
La discreta enamorada.

El Licenciado Vidriera.
El mejor alcalde el Rey.
El mayor imposible.
Don Gil de las Calzar verdes.
Los Tellos de Meneses.
El mayor monstruo, los celos.

Arregladas del francés

La calle de la Amargura.
La doncella de mi mujer.

Peinador y Carvayales.

CPSIA information can be obtained
at www.ICGtesting.com
Printed in the USA
BVHW051501261118
534009BV00035B/3086/P

9 780428 458058